AF364851
APRENDE a COMPARTIR
Copyright © 2024 Samuel John Books
con Shannon y Cam

¿Sabías que compartir es una excelente forma de mostrar respeto y afecto hacia una persona?

Sólo hay una cosa mejor que disfrutar de algo que nos hace sonreír y es compartirlo con otra persona. ¡Dos sonrisas son mejor que una!

¡Ven y únete a Shannon y Cam, mientras descubres cómo compartir es cuidar!

Cuando Shannon recibe una tarta el día de su cumpleaños, la lleva a la escuela para compartir un trozo con todos sus amigos.

Cuando a Cam le regalan un nuevo videojuego en Navidad, invita a su primo a jugar con él.

Cuando Shannon gana entradas para ir a su parque temático favorito, le pregunta a su hermano si quiere ir con ella.

Cuando Cam compra una bolsa grande de dulces a la hora del almuerzo, le ofrece algunos a su amigo Josh.

En clase de arte, solo queda una caja de crayones. Shannon la comparte con su amiga Molly para que ambas puedan terminar sus propios dibujos.

Cuando Cam juega con su pelota en el parque, se le ocurre un divertido juego de equipo para que todos los demás puedan unirse también.

Cuando a Molly se le cae su hot dog al suelo, Shannon corta el suyo en dos y le ofrece la mitad a su mejor amiga.

Cuando Cam juega con sus bloques de construcción, le pregunta a su hermana si quiere unirse. ¡Juntos, hacen la torre más alta que jamás hayan visto!

Cuando Molly olvida su libro en casa, Shannon deja
que su amiga se siente a su lado y leen juntas.

Cuando la escuela organiza un concurso de diseño, Cam decide formar equipo con su amigo Josh porque siempre es más divertido trabajar en algo en equipo.

Cuando la ropa de Shannon ya no le queda bien, la lleva a una tienda benéfica para que alguien menos afortunado pueda aprovecharla.

Cuando Cam juega a fútbol con el equipo de la escuela, siempre pasa el balón a sus compañeros para que todos puedan participar en el juego.

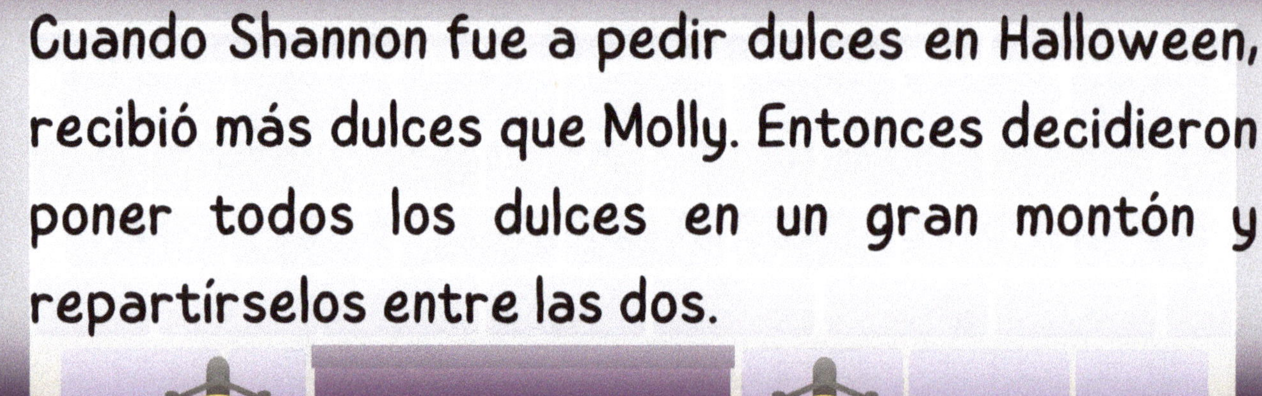

Cuando Shannon fue a pedir dulces en Halloween, recibió más dulces que Molly. Entonces decidieron poner todos los dulces en un gran montón y repartírselos entre las dos.

Cuando mamá y papá se ofrecen como voluntarios en el banco de alimentos para servir cenas a personas sin hogar, Cam siempre los ayuda.

Cuando Shannon y Cam ven una película en casa, siempre comparten las palomitas de maíz.

Cam es muy bueno en matemáticas, pero Josh a veces tiene dificultades. Entonces Cam siempre está dispuesto a enseñarle a su amigo cómo hacer sumas difíciles.

Cuando solo queda un helado en el congelador, Shannon siempre lo comparte con su hermano.

Cuando mamá y papá
no miran, ¡Cam incluso
comparte su cena con
su perro!

Crear una lista de acciones de compartir, es una gran idea para fomentar un comportamiento social positivo. Aquí tienes una lista de acciones que puedes completar:

- [ ] Compartir juguetes con mis amigos y hermanos.
- [ ] Ofrecer ayuda a alguien que lo necesite.
- [ ] Invitar a otros niños a participar en mis juegos y actividades.
- [ ] Ofrecer algunas de mis golosinas a mis amigos y hermanos.
- [ ] Preguntarle a alguien que está triste si necesita mi ayuda.
- [ ] Compartir mis conocimientos, ayudando a alguien a aprender algo que a mí se me da bien.
- [ ] No tratar de ser el centro de atención. Dejar que otros también puedan liderar actividades
- [ ] Compartir mi material de manualidades, como crayones, tijeras, papel y otros.

Ayuda a Shannon a llegar hasta Molly para que
pueda compartir su pastel de cumpleaños con ella

¡Hemos llegado al final!

Espero que te haya gustado y que hayas aprendido cosas nuevas.

¡Hasta la próxima!

Quiero pedirte un favor para que este libro llegue a más personas, y es que lo valores con una sincera opinión en la plataforma donde lo hayas adquirido.

Con ese pequeño gesto me estarás ayudando a continuar con nuevos proyectos.

¡Estoy deseando empezar a crear mi próximo libro para ti!

Puedes dejar tu reseña directamente aquí. Sólo te llevará unos segundos.

www.amzn.to/42dp5My

Gracias de antemano por dedicarme unos segundos de tu tiempo para compartir tu experiencia. ¡Gracias por tu apoyo!

¡Hasta pronto!

APRENDE CON NUESTROS
LIBROS INFANTILES EDUCATIVOS

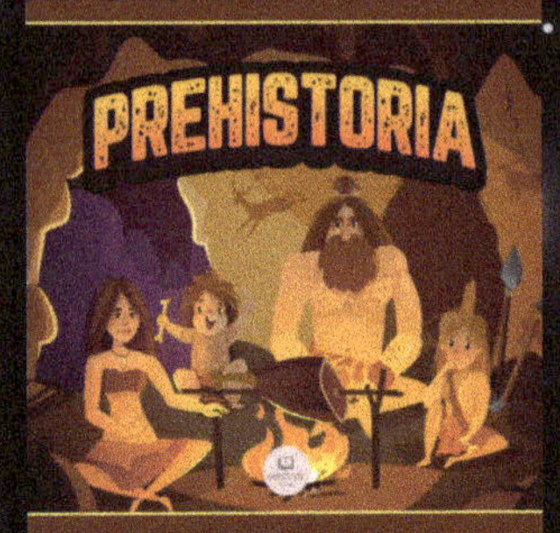

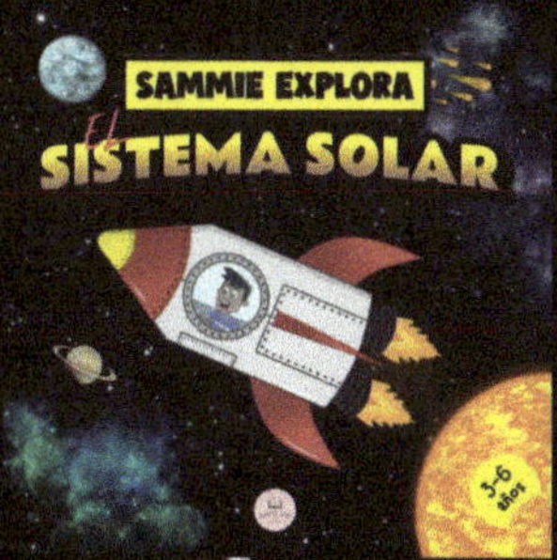

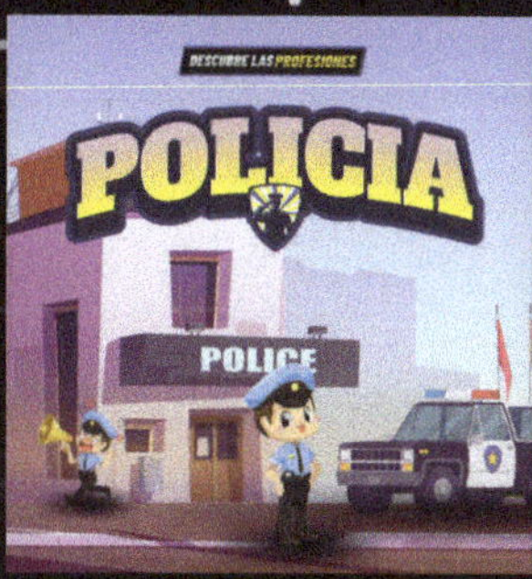

¿Tienes alguna idea para un nuevo libro educativo? ¡Me encanta conocer las opiniones y sugerencias de mis pequeños lectores!

Si hay algún tema que te gustaría que tratase en un próximo libro, ¡házmelo saber! Ponte en contacto conmigo a través de mi correo electrónico y estudiaré tu sugerencia. ¡Recuerda que debe ser un tema educativo!

 **contacto@samueljohnbooks.com**

www.amazon.es/dp/B09P631TNS

contacto@samueljohnbooks.com

www.facebook.com/samueljohnbooksES

www.amazon.com/author/samueljohnbooks